Carola Lenz

Thomas, Opa und dieser Brief

Carola Lenz

Thomas, Opa und dieser Brief

Mit Zeichnungen von Anneke Schipper

Fromm Verlag

Impressum / Imprint
Bibliografische Information der Deutschen Nationalbibliothek: Die Deutsche Nationalbibliothek verzeichnet diese Publikation in der Deutschen Nationalbibliografie; detaillierte bibliografische Daten sind im Internet über http://dnb.d-nb.de abrufbar.

Bibliographic information published by the Deutsche Nationalbibliothek: The Deutsche Nationalbibliothek lists this publication in the Deutsche Nationalbibliografie; detailed bibliographic data are available in the Internet at http://dnb.d-nb.de.

Coverbild / Cover image: www.ingimage.com

Verlag / Publisher:
Fromm Verlag
ist ein Imprint der / is a trademark of
OmniScriptum GmbH & Co. KG
Heinrich-Böcking-Str. 6-8, 66121 Saarbrücken, Deutschland / Germany
Email: info@frommverlag.de

Herstellung: siehe letzte Seite /
Printed at: see last page
ISBN: 978-3-8416-0587-0

Inhaltsverzeichnis

Bevor die Geschichte anfängt

Manche Geschichten sind nicht schnell. Trotzdem können sie aufregend sein. Vielleicht denkst du oft nach. Oder bist du manchmal traurig, weil du jemanden vermisst? Lass dich heute mal zu einem Abenteuer mit Thomas entführen. Du bist wie ein Entdecker, der ganz genau hinsieht, sich alles einprägt. Du versuchst herauszufinden, wie die Erlebnisse und Erinnerungen zusammen passen. In der Geschichte von Thomas werden dir Gefühle begegnen, die du vielleicht schon kennst. Begleite Thomas ein Stück und mache die Entdeckungen mit ihm gemeinsam. Er nimmt dich gerne mit in sein Abenteuer. Viel Spaß beim Lesen!

Erstes Kapitel

An den hölzernen Türrahmen gelehnt, die schwere Tasche noch auf den Schultern stand Thomas einige Sekunden da, den Blick auf das Küchenfenster gerichtet. „Mama?“ Mutter bemerkte ihn nicht. Sie hatte ihn gar nicht kommen hören. Seit sie wieder arbeitete, hatte Thomas einen Haustürschlüssel. Mutter stand regungslos am Fenster wie so oft in den letzten Tagen. Sie stand einfach da und sah hinaus. „Mama?“ Endlich drehte sie sich um, ihre Augen waren gerötet, ihr Blick schien irgendwie auf einen Punkt weit weg in der Ferne gerichtet zu sein. Auf dem Herd neben dem Fenster stand ein mittelgroßer Kochtopf. Nudeln wahrscheinlich. Thomas warf die Schultasche in die Ecke, die dünne Regenjacke flog hinterher. Jeden Mittag war es jetzt dasselbe! Seit Opa tot war, lief hier nichts mehr wie vorher.

Mutters Vater war er gewesen, hatte Mutter oft geholfen und viel Zeit mit Thomas verbracht. Wenn der aus der Schule kam, war Opa meistens schon da gewesen und hatte ihn mit einem Schlag auf die Schulter begrüßt: „Willkommen“ hatte er dann immer gesagt. Einfach nur: Willkommen. Das hatte genügt, um Thomas ein wohliges Gefühl von Zuhause zu geben. Opa kannte ihn wirklich, kannte auch seine Freunde. Er wusste auch um die ewigen blöden Sprüchen, die Addi immer für Thomas bereithielt, beinahe jeden Tag. Fast jeden Mittag konnte Thomas genervt alles ‚ausspucken‘, den ganzen Stress aus der Schule. Wie viele traurige, wie viele wütende Tränen hatte sein über alles geliebter Opa schon gesehen, nach einem Weilchen abgewischt – mit seinem großen Stofftaschentuch. „Ach Tom“ sagte er dann nur. Wie gut taten diese beiden Worte, plötzlich war Thomas alles leichter vorgekommen.

Opa interessierte sich auch für sein Lieblingsfach: Das war Musik. Da war er gut, Töne mochte er und Noten, die Musikstücke, die sie hörten. Die Musikstunde konnte gar nicht lange genug dauern. Und all das hatte Opa wissen wollen, hatte einfach gewartet, ob sein Enkel was erzählen wollte. Und Thomas hatte erzählt und gesummt und wieder erzählt, einmal ganz aufgeregt, dann eher berichtend. Opa hatte einfach zugehört, hin und wieder etwas nachgefragt, sonst nur zugehört.

Oder sie hatten beide nur so dagesessen und gemeinsam vor sich hin gesummt. Irgendwas. Zusammen oder durcheinander. Opa hatte dabei mit dem Löffel auf dem Teller Schlagzeug gespielt. Einmal war er mit ihm ins Bad gegangen und sie hatten Töne ausprobiert: in der Wanne, an der Duschwand, sogar in der Toilettenschüssel. Überall hatte es anders geklungen. Klar hatten sie so was meistens gemacht, wenn sie allein Zuhause waren. Mutter hätte wohl nur mit dem Kopf geschüttelt.

Jetzt war Opa schon seit Januar tot und alles war öde. Einfach nur öde! Mutter hörte ihm gar nicht zu, warum hätte er was erzählen sollen? Opa fehlte ihm so sehr, aber das durfte er nicht sagen. Vorgestern hatte er sie gefragt, wo Opa denn jetzt ist – da hatte sie ihn angeherrscht, sie habe ja wohl genug um die Ohren und sie wolle davon nichts hören. Thomas solle seine Zeit lieber mit seinen Hausaufgaben verbringen als mit dieser Grübelei. Die führe ja zu nichts. Sehr laut war sie gewesen, sehr wütend.

Noch ganz in Gedanken ging Thomas zum Küchenschrank, holte einen Teller heraus. In der Schublade lag noch eine Gabel. Damit fischte Thomas einige Nudeln auf seinen Teller. Die Ketchup Flasche nahm er mit an den Küchentisch. Während er lustlos in den Nudeln herumstocherte, kam ihm wieder dieser Umschlag in den Sinn. Ein grauer unscheinbarer Briefumschlag war das, so einer von denen, die immer in Opas großem Schreibtisch lagen, ein bisschen vergilbt, die Kleberänder unbrauchbar. Opa hatte ihn sicher wieder mit Alleskleber zugeklebt. Ganz fest verschlossen war der Umschlag.

Er lag seit Monaten immer an derselben Stelle auf dem kleinen Fensterbrett. Seitdem er damit von Opas Krankenbett zurückgekommen war, hatte der Junge ihn nicht mehr angerührt. Aufmachen solle er ihn noch nicht, hatte Opa damals gesagt, nicht, solange er am Leben sei. Bei diesen Worten war es Thomas ganz mulmig geworden irgendwo im Bauch, ganz weit innen. Er erinnerte sich genau, ganz deutlich. Im Zimmer war es warm und stickig gewesen, er hatte trotzdem gefroren bei den Worten. Und jetzt war Opa tot, jetzt war das Krankenbett leer.

Nun wollte er den Brief nicht aufreißen. Noch nicht. Bestimmt standen da Ermahnungen drin, wie er sie oft von Opa gehört hatte: Hab doch Verständnis für Deine Mutter, sie hat es nicht leicht, seit Dein Vater nicht mehr da ist.", oder: „Nimm ihr das nicht übel, sie meint es nicht so." – Nein, das fehlte ihm gerade noch, jetzt, wo er ganz alleine dastand, ohne Papa und ohne Opa!

Thomas war inzwischen fertig mit den Nudeln. Waren ja mal wieder nicht so lecker gewesen. Er nahm seinen Schulranzen und die Jacke und schleppte sich müde in sein

Zimmer. Er stellte den Ranzen neben seinen Schreibtisch, der vollgestapelt war mit Lego-Bauanleitungen, CDs und Notenblättern und noch so mit diesem und jenem. Dann schnappte er sich den grauen Umschlag von der Fensterbank und warf sich auf sein Bett.

Zweites Kapitel

Während Thomas den Umschlag hin und her wendete, merkte er, wie seine Neugier siegte. „Vielleicht steht in dem Brief ja auch was Wichtiges." Sagte er vor sich hin. „Ich werde ihn jetzt aufmachen." Das war gar nicht so einfach. Opa war sehr gründlich gewesen mit seinem Alleskleber. Da – an der rechten Seite war eine klitzekleine Öffnung, da passte die Spitze vom kleinen Finger hinein. Thomas bohrte mit dem Finger, dann benutzte er ihn wie eine Messerklinge – „Na endlich!" Er griff in den Umschlag. Ein Blatt Schreibpapier, einmal gefaltet, holte er heraus, dicht beschrieben in Opas saubersten Schrift. Der hatte ja gewusst, dass Thomas noch einige Mühe hatte mit dem Lesen. Er ging schließlich erst in die zweite Klasse. „Das soll ich alles lesen?", murmelte er, „Au weia!". Das andere Blatt war sogar zweimal gefaltet, aber es fühlte sich dünner an und es knisterte ein bisschen, wenn er es anfasste. Er faltete das dünne weiße Papier vorsichtig auseinander: „Ein Plan. Hm.“ Wozu brauchte Thomas einen Plan? Er überlegte. Vielleicht wollte Opa ihm zeigen, wie er zu dem Grab finden konnte, das er sich auf dem Friedhof ausgesucht hatte. War ja klar gewesen, dass die anderen ihn nicht hatten dabei haben wollen bei der Beerdigung. Schonen wollten sie ihn, hatte Mutter gesagt. „Die haben mich ja noch nicht mal gefragt, ob ich mit will!“ Thomas merkte, wie er schon wieder wütend wurde. Seine Faust hieb auf die Bettdecke ein. Dabei berührte sein Arm wieder diesen Plan. Er nahm ihn vorsichtig in die Finger. „Nee, ein Friedhof ist das nicht.“ Da waren Rechtecke aufgezeichnet. Kleine und große, nebeneinander, darin Striche und Pfeile und Punkte und Wörter:

„Erdgeschoss“ – das war von einem Haus! Ein Haus mit ziemlich vielen Zimmern. Hier war die Treppe nach oben.

Daneben noch mal das gleiche, nur eine andere Aufteilung, mehrere kleinere Rechtecke: „Erster Stock“ las Thomas. Aha. Jetzt bestand kein Zweifel mehr. Das war die Skizze von einem Haus. „Kaminzimmer“, las er, „Speisesaal, Gästezimmer, Küche, Kleiderschrank“. Komisch, der Kleiderschrank war ebenso groß wie die Küche. Konnte das stimmen? So ein Haus hatte er wirklich noch niemals gesehen. Wenn er da an ihre Wohnung dachte, wo er sich im Zimmer nicht mal richtig umdrehen konnte, wenn er was aus dem Schrank brauchte! Sogar das Haus, in dem sie damals gewohnt hatten, als sein Papa noch da war, hatte nicht so große Schränke gehabt. Allerdings auch keinen Speisesaal. „Saal – das klingt ja riesig.“

Thomas legte den Plan kopfschüttelnd zur Seite und griff nach dem Brief.

„Mein lieber Thomas“ stand da – schon wieder kamen ihm die Tränen – „Mein lieber Thomas, Du kannst ja nun schon ein bisschen lesen. Versuch es einfach. Wenn es nicht klappt, kannst Du ja Mama fragen." – Nein, das würde er bestimmt nicht tun! Dann sich lieber selber durch quälen – „Da ist ein Plan, er gehört zu einem großen schönen Haus, einer Villa. Nicht weit von hier, am Ende Deiner Straße, wo die hohen Mauern anfangen, gibt es ein altes eisernes Tor. Geh dort hin, wenn Du keine Schule hast."

– Morgen, war Samstag. Das passte gut. –

„Nimm den Plan mit. Du wirst ihn brauchen. Das Haus ist offen. Dort wirst Du viel über Dich und über mich erfahren. Nur Mut. Du schaffst das. Dein Opa." – Morgen also. Morgen würde er dorthin gehen.

Thomas faltete den Brief sorgfältig wieder zusammen und steckte ihn zurück in den Umschlag. Die Skizze legte er dazu. – Morgen! Er lehnte sich in sein Kissen zurück und schloss die Augen.

Morgen würde er mehr über Opa erfahren – und über sich selbst. Das stand in dem Brief. Morgen.

Drittes Kapitel

Durch das dichte Blätterdach der großen Buche fiel die Sonne in bunten Farben. Wie schön das war! Thomas hatte endlich die engen Häuserblocks hinter sich gelassen. An dieser Stelle der Straße gab es nur noch vereinzelte kleine Häuser. Hier kannte ihn niemand. Ruhig war es. Ganz ruhig. Nur die Blätter rauschten leise im Wind. Der Gehweg war uneben, kleine viereckige Steine, dazwischen immer wieder Baumwurzeln. Jetzt hörten die Pflastersteine auf und hier begann die erste Mauer. Dicht bewachsen mit allerlei Gestrüpp war sie nur stellenweise zu erkennen. Thomas lief an den Sträuchern entlang. Hier war kein Tor. Das hätte doch längst auftauchen müssen. Er wollte schon umkehren, als er einen eisernen Ring entdeckte, der an dieser Stelle in den Mauerstein eingelassen war. Thomas wurde ganz aufgeregt. Er bog mit den Händen das Gestrüpp zur Seite,

Zweige kratzten an seinem Arm. Da! – Eisengitter, rostige Gitter – und ein verschnörkelter Griff! Thomas zog und schob aus Leibeskräften. Nichts rührte sich. Er untersuchte das Tor an allen Stellen. Unten entdeckte er Gras und kleine Pflanzen, die sich um die Stäbe des Gitters rankten, Thomas zupfte und zerrte und riss – und mit einem Mal bekam er den ersten Torflügel frei. Er ließ sich nach innen aufschieben. Die Scharniere quietschten dabei, als wären sie empört über die Ruhestörung. Nun war der Blick frei auf eine lange sandige Allee. Sie führte zunächst geradeaus, dann, nach ungefähr zehn Bäumen auf beiden Seiten bog sie nach links ab. Was dahinter kam, war mit den Augen nicht zu erkennen. „Nur Mut" hatte Opa geschrieben. „Nur Mut. Du schaffst das." Der Brief knisterte in der Hosentasche.

Beherzte Schritte lenkte Thomas die Allee entlang. Ein kleiner Stein war ihm in den Schuh gerutscht, aber das war jetzt wirklich egal. Er lief und lief – was mochte wohl hinter der Kurve liegen? Eine Villa hatte Thomas bis jetzt noch nicht gesehen. Überhaupt hatte er so etwas noch nie gesehen, außer in dem Märchenbuch von Opa, diesem dicken Buch mit dem goldenen Rand und den schnörkeligen Buchstaben. In dem Buch war die Villa gelb gewesen, hatte große Fenster gehabt und eine riesenbreite Treppe davor. Auf dem Dach waren zwei Schornsteine abgebildet gewesen und dazwischen kleine Erkerfensterchen. Aber so etwas gab es doch nicht wirklich, oder?

Er bog um eine Rechtskurve und da lag das Haus. Eine Villa. Ganz weit hinten, am Ende der Allee. Bestimmt noch einmal zehn Bäume lagen zwischen Thomas und diesem merkwürdigen Gebäude. Unversehens wurde er langsamer. Da hinein? Das traute er sich nicht. In seiner Hosentasche der Brief knisterte wieder. „Nur Mut" hörte er Opa sagen.

Thomas blieb stehen. Er lauschte: Ein Vogel zwitscherte, weit entfernt hörte er ein Flugzeug – Stille. Irgendwie unheimlich. Es war hier so still, dass er sogar das Rascheln einer Amsel zwischen den Blättern hören konnte. Sonst nichts – nur still...

Aber was war das? Irgendein Rufen konnte er ausmachen, ganz nah beim Haus. Es war ein hoher, heiserer Ton, nur kurz, dann war es ihm, als hätte er doch nichts gehört. Da! Da war es wieder. Ein Ruf, ein Zweiter. Dann ein Krächzen – Stille.

Thomas setzte sich wieder in Bewegung. Er wartete auf das Geräusch. Da war es wieder, diesmal schon lauter. Es klang wie ein Tier...

Viertes Kapitel

Als Thomas endlich die breiten Stufen der Villa erreichte hatte – wie in dem Märchenbuch sah das aus – schlug sein Herz schnell und laut. Was hatte er hier nur zu suchen? Wenn ihn jemand erwischte, das konnte Ärger geben – und was würde Mutter sagen, würde sie endlich wieder was sagen? Und wenn sie schimpfte, wenn sie schrie – alles war besser als dieses Schweigen! Der Umschlag in der Tasche knisterte. Nein, hier würde niemand Ärger machen. Er hatte doch den Brief. Es war ja ein Auftrag.

Trotzdem – vielleicht sollte er doch erst mal um das Haus herumgehen, durch die Fenster gucken? Sein Blick glitt über die alte Fassade. Hinter dem knorrigen Efeugestrüpp war das erste Fenster auszumachen. Thomas nahm allen Mut zusammen. Er setzte seinen Fuß in den Efeu-Strunk - - - der hielt ihn aus. Er kletterte langsam in der Verästelung entlang, setzte seine Füße zwischen die dunklen Blätter, klammerte sich mit den Händen an die Ranken, die sich an der Hausmauer entlang schlängelten. Er bog einige Blätter zur Seite und blickte auf eine matte, verstaubte Fensterscheibe. Eine Spinne hatte sich hier ihr Netz gewoben, groß und schön. Nur leider versperrte es zusätzlich den Blick in das geheimnisvolle Gebäude. Da – das Rufen war wieder zu hören, ein klagender Ton. Er kam von da drinnen! In der Villa war ein Tier und konnte nicht raus.

So schnell seine Füße Halt fanden, kletterte Thomas zurück durch die Ranken auf die steinerne Treppe. Wenn da drinnen ein Tier klagte, dann musste es befreit werden, soviel war mal sicher. Beim Gedanken an das arme Tier vergaß Thomas seine Angst. Er stieg die letzte Stufe hinauf, ging zu dem dunkelgrün lackierten Türflügel und drückte auf die eiserne Klinke. Sie ließ sich bewegen, der Türflügel schwang nach innen auf. Kühle Luft wehte Thomas entgegen, als er in die Eingangshalle trat.

Fünftes Kapitel

Nachdem sich seine Augen an das Dämmerlicht gewöhnt hatten, das die fensterlose Diele durchzog, blickte Thomas sich staunend um. Die breite Eingangshalle war mit wertvollem Marmorstein gefliest, die Wände schmückten große gerahmte Bilder. Gemalt. Von der Decke hing ein Kronleuchter herab. Thomas stellte sich vor, wie der gefunkelt haben mochte, als er blank poliert und hell erleuchtet gewesen war. Jetzt zierten ihn staubige Spinnweben, was ihm einen leicht gruseligen Ausdruck verlieh. Thomas' Blick wanderte vom Kronleuchter hinunter an die linke Wand zwischen zwei Türen, die sicher in die auf dem Plan bezeichneten Räume führten. Hier stand dunkel und klobig eine alte Holztruhe. Sie reichte Thomas bis fast an die Schultern. Die Beschläge waren aus Eisen, die Kanten, die Ecken und das verzierte Schloss. Ein großer

Schlüssel musste dazu gehören, das sah man gleich. Die Truhe hatte Ähnlichkeit mit einer Abbildung aus seinem Piratenbuch. Dort sah die Schatztruhe beinahe genauso aus. Er überlegte, ob er einen Blick hinein werfen sollte, entschied sich aber anders. Das hatte Zeit bis später. Zuerst wollte er auf die Suche gehen nach dem armen, eingesperrten Tier. Irgendwo in diesem Haus musste es ja sein. Das hatte er deutlich gehört. Doch welche der vielen Türen war wohl die Richtige? Der Plan musste her – erst mal einen Überblick verschaffen. Thomas zog den Umschlag aus der Tasche und griff hinein.

Aber das nützte ja nichts. Er zögerte. Hier war viel zu wenig Licht. Kurz entschlossen öffnete er die Türe links neben der großen Truhe und sah sich um. Sofort fiel mehr Licht auf den Brief, wenn auch die Fenster hier sehr trüb und staubig waren. Da stand ein runder Tisch in der Mitte des hohen Raumes. Thomas ging hin, zog einen der schweren Stühle ein Stück zurück, setzte sich auf die Kante des Stuhlpolsters und breitete seinen Plan auf dem Tisch aus. Er wollte systematisch vorgehen und keinen Raum übersehen. Aber dann sollte es doch alles anders kommen.

Thomas drehte den Plan so, dass er mit den Augen an der großen, unübersehbaren Eingangstür starten konnte – und dann ließ er den Blick wandern: nach links durch die erste Tür. „Kaminzimmer“ stand hier in seinem Plan. Aha. So sah also ein Kaminzimmer aus. Der runde Tisch, die samtig gepolsterten Stühle, an den Wänden Bücherregale und gegenüber der hohen Fenster prangte der offene Kamin. Es musste schon lange her sein, dass hier mal ein Feuer gebrannt hatte. Denn nicht nur auf dem steinernen Sims über dem Kamin, auch auf den verkohlten Holzresten im Inneren des Kamins lag eine dünne Staubschicht. Im einfallenden Sonnenlicht konnte er den Staub richtig tanzen sehen. Doch mitten zwischen den rußigen Resten des letzten Feuers sah er plötzlich etwas Weißes hervorblitzen.

Oder hatte er sich geirrt? – Er rutschte von der Stuhlkante, um den Kamin genauer betrachten zu können. Das dunkle Parkett unter seinen Füßen knarrte leise. Tatsächlich – da steckte ein Zettel in der Holzkohle, ein Zettel, der hier noch nicht so lange gelegen haben konnte. Sonst wäre er wohl nicht weiß, sondern eher vergilbt gewesen, und genauso staubig wie alles andere. Aber er war weiß. Thomas bückte sich und zog den Zettel aus dem steinernen Kamin. Er wischte den Ruß ab, so gut es ging, und besah sich die Schrift. Komisch, das war genau die gleiche Schrift wie in dem Brief. Der Junge verstand: Dieser Zettel kam von Opa!

„Willkommen“

las Thomas in freudiger Erregung. Ach, wie hatte er dieses Wort vermisst. Er las weiter. Dabei hörte er innerlich Opas Stimme:

„Gut, dass Du hier bist. Lege den Plan auf den Tisch.“ – Schon erledigt! – „und geh zuerst in die Küche. In der Zwiebeldose liegt wieder ein Zettel.“

Nun gab es für Thomas gleich zwei Wegweiser, das klagende Tier irgendwo im Haus und die Hinweise auf Opas Zetteln. Thomas ging zum Tisch und beugte sich wieder über den Plan. Ein System brauchte er nun nicht mehr zu überlegen. Jetzt musste er nur noch die Küche finden.

Sechstes Kapitel

Ein gestickter Türbehang deutete darauf hin, dass er hier richtig war. Thomas war aus dem Kaminzimmer durch die Eingangshalle in den gegenüber liegenden Speisesaal gegangen, nachdem er sich den Plan des Erdgeschosses, so gut es ging, eingeprägt hatte. Vorbei an dem langen Esstisch, über edle Teppiche hinweg war er einer kleineren Tür zugestrebt, hinter der wiederum ein schmaler, kurzer Gang auf ihn wartete, der Boden mit einfachen, unebenen Steinfliesen bedeckt. Am Ende des kurzen Ganges führten drei schmale Holzstufen nach oben zu dieser niedrigen Tür mit dem blau bestickten Behang. Durch ein kleines Fensterchen im oberen Teil der Tür fiel ein schwacher Lichtstrahl in den Verbindungsgang zwischen Speisesaal und Küche. Die Tür war angelehnt. Thomas stieß sie vorsichtig auf und mit einem Mal hörte er auch dieses

Klagen wieder, dann ein Kratzen wie auf Metall und wieder ein Klagen. Es klang irgendwie hohl. Merkwürdig. Die Richtung konnte er noch nicht ausmachen, aber er war nahe dran, das spürte er. Bei dem nächsten Geräusch, das er hörte, würde er das Tier bestimmt finden. Dann würde er es erst mal in die Freiheit entlassen, damit es sich etwas zu fressen suchen konnte. Angst hatte Thomas keine. Kein Tier greift seinen Befreier an, so dachte er.

In der fremden Küche war es jetzt erst einmal still, ganz still. So riesig wie die anderen Räume war sie nicht, aber doch immer noch größer als Mutters Küche Zuhause. Ein großer Feuerherd stand dort, weiß lackiert mit quadratischen Schubladen. Daneben lagen einige Holzscheite in einem Weidenkorb, darüber hing ein großer, schwarzer Rauchfang.

Auf der anderen Seite ein weißer Küchenschrank, daneben ein kleines Fensterchen. Über dem Herd und über dem großen Spülbecken hingen Töpfe und Pfannen an den Wänden, aber auch Regale mit Schüsseln und an den Haken große Kellen, Schöpflöffel und anderes Kochbesteck. Auf dem Boden vor der Spüle lag ein hölzerner Kochlöffel. Auf dem Sims des Küchenschrankes stand wirklich ein

Zwiebeltopf. Er hatte Löcher und war aus dunkelrotem Ton, weiß war die darauf abgebildete Zwiebel – unverkennbar. Thomas hob den Deckel ab, der ebenfalls Löcher hatte. Am Boden des tönernen Gefäßes lag aber statt der Zwiebel wieder ein Zettel. Er war aus demselben Papier wie der aus dem Kamin. Er wollte ihn entziffern. Thomas fischte mit den Fingern danach und lehnte sich dann, mit dem Zettel in der Hand, gegen die Wand unter dem kleinen Fenster.

Siebtes Kapitel

Da war es wieder, das Klagen. Ganz deutlich konnte Thomas hören, aus welcher Richtung das Geräusch kam. Und wieder klang es irgendwie hohl. Dieser Ton ging ihm durch Mark und Bein. Er wandte sein Gesicht dorthin, wo er ihn gehört zu haben glaubte. An dieser Stelle sah die Wand anders aus. Sollte dies eine Tür sein? Er steckte den Zettel erst mal in die Hosentasche. Dann untersuchte Thomas die Wand, hinter der er das Tier vermutete. Jetzt musste es doch zu finden sein!

Ah – hier hörte der Putz auf. Mit den Fingerknöcheln klopfte der Junge auf die weiß gestrichene Fläche. Das war Metall. Und dahinter schien tatsächlich ein Hohlraum zu sein. Denn das Klopfen hallte nach. Thomas wischte die Spinnweben ab und fuhr mit seinen Fingern forschend am Rand der Metallplatte entlang. Irgendwie würde es ihm gelingen, dahinter zu schauen. Da – er hatte etwas ertastet, eine dünne Schnur. Vorsichtig zog er daran, sie spannte kurz. Dann klickte es und die Platte ließ sich nach unten schieben. Sie gab eine große Öffnung frei.

Thomas blickte in eine riesige schwarze Luke, gemauert. An beiden Seiten liefen starke Seile an den Wänden entlang. Er folgte den Seilen mit den Augen, beugte sich tief in die Luke hinein. Er sah in eine gemauerte Röhre, die vom Keller bis zum Dach reichte. – Klar, jetzt wusste Thomas, was das war: Das musste ein Speisenaufzug sein. Thomas zog kräftig an einem der Seile. Schade, da rührte sich nichts.

Doch jetzt: das andere Seil gab nach. Nun kam Bewegung in den Schacht. Mit großem Gepolter und einem hohlen Quietschen löste sich der Aufzugkasten – der hing wohl gerade unter der Küche, vermutlich im Keller. Mit aller Kraft zog Thomas weiter an dem Seil. Stück für Stück rutschte die Holzkonstruktion nach oben, kam näher und näher.

Kaum konnte Thomas einen Blick in den Kasten werfen, der am unteren Rand der Öffnung erschien, als mit einem furchterregenden Fauchen eine Katze durch die entstandene Öffnung sprang. Sie flitzte durch die Küche und entfloh in Richtung Speisesaal. Thomas war nicht schlecht erschrocken. Doch Erleichterung spürte er auch. Das also war das Tier gewesen. Wie lange war die kleine Katze wohl schon hier gefangen gewesen? Nun, wenigstens konnte sie sich jetzt selbst ihre Nahrung suchen. Thomas wusste: eine Katze kam immer durch.

Nachdem er sich von dem Schreck erholt hatte, lehnte sich der etwas erschöpfte Junge wieder unter das winzige Küchenfenster. Er zog den zerknitterten Zettel aus der Hosentasche und las seine neue Nachricht. Da stand geschrieben:

„Steige auf der Hintertreppe bis zum Dachboden und suche nach dem Glückskästchen. Du wirst es erkennen, wenn Du es siehst.“

Wie bitte? Eine Hintertreppe? So etwas hatte er auf dem Plan nicht gesehen. Und Glückskästchen? Wonach sollte er denn da suchen – ein Kästchen – Glück – er war ratlos.

Achtes Kapitel

Die Katze war wieder da. Es war eine kleine, braune Katze mit einem hellen Fleck am rechten Ohr. Sie war nach einiger Zeit wieder in die Küche gekommen. Nachdem sie Thomas um die Beine gestrichen war mit einem sehr zufriedenen Maunzen, lag sie nun unter dem Küchenschrank. Während sie schlief schnarchte sie leise.

Thomas hatte sich inzwischen vorsichtig in den Speiseaufzug gesetzt, natürlich nicht bevor er sich versichert hatte, dass der Transportkasten fest und sicher mit einer Kette an der Küchenwand festgehakt war. Nun saß er hier leicht geduckt um besser nachdenken zu können.

Abwesend starrte er auf die Maserung des Holzlöffels, den er zuvor vom Boden aufgehoben hatte. Das Muster verlief vom Ende des Stils zuerst gerade bis zur Mitte, machte dann eine Kurve um den Stil herum und führte von dort aus in Schlangenlinien bis in die Mitte der Löffelmulde. Dort war ein kleiner dunkler Astansatz. Immer wieder wanderten die Augen des Jungen an der Maserung entlang, hinauf, herum, hin und her, zum dunklen Astpunkt, dann wieder zurück, hin und her, um den Stil herum, gerade herunter. Dabei drehten sich seine Gedanken immer und immer wieder um dieses eine rätselhafte Wort: Glückskästchen. Glück – Kästchen – Glück – so sehr er es auch drehte und wendete, es entstand kein Bild dazu. Thomas konnte sich wirklich nichts darunter vorstellen. Glück – was sollte das wohl sein? So etwas würde es für ihn nicht mehr geben. Er selbst war einsam. Er war ohne Opa. Ja, Glück hatte es früher gegeben, vor vier Wochen noch. Da konnte Opa noch aufstehen, konnte er noch mit ihm lachen. Da hatten ihn Opas Augen noch verschmitzt angeblitzt. Aber jetzt war das Glück vorbei. Außerdem – dieses einzige Glück, das er kannte, hätte nicht in ein Kästchen gepasst. Was für ein Kästchen sollte das wohl sein? Eine Zigarrenschachtel von Opa, angefüllt mit seinen Zeichnungen? Aber nein – die waren ja alle Zuhause unter Thomas' Bett. Er hatte den Karton nach ganz hinten geschoben, damit Mutter ihn nicht fand und darin herum suchte. Schließlich waren das seine eigenen Erinnerungen. Das war seine Glückskiste, oder etwa nicht? Natürlich konnte es sich auch um ein kleines verziertes Glitzerkästchen handeln. Darin der Brief einer guten Fee, er dürfte sich ein neues Zuhause wünschen mit richtigen Eltern, mit Geschwistern und mit gemeinsamen Spielen und Musik und Blödsinn und Lachen. – Na ja. Es gab ja viel was Thomas nie vorher gesehen hatte, aber eine gute Fee gab es nun wirklich nur in Märchen. Und ein unerkannter junger Zauberer war er auch nicht. Im Gegenteil. Er war Thomas Ratusch und ein ganz normaler einsamer Junge, der die zweite Klasse der Grundschule besuchte, in dem lauten

Klassenzimmer nicht richtig lesen konnte und keine wirklichen Freunde hatte.

Übrigens, jetzt merkte er es erst: An diesen beiden Tagen hatte er schon mehr gelesen, selbst und ohne Hilfe, als in seiner ganzen Schulzeit zusammen. Komisch. Ging ja doch!

„Ich kann was.“, murmelte Thomas vor sich hin. „Ich kann lesen.“ Ein kleiner, glücklicher Seufzer kam aus seinem Bauch und bahnte sich einen Weg durch die Kehle ins Freie. „Ja!!“ rief Thomas laut in die Küche hinein. „Ja! Ich kann lesen!“ Dabei stieß seine kleine Faust nach vorne, doch in diesem Moment löste sich der Haken aus der Wand und Thomas sauste mitsamt dem Holzkasten, in dem er eben noch gemütlich gedöst hatte, in die Tiefe. Thomas schrie, diesmal vor Schreck, laut und schrill. Der Schrei hallte im Aufzugschacht hohl von den Wänden.

Plötzlich gab es einen erneuten Ruck, hart riss der Kasten an den Seilen, dass Thomas der ganze Rücken wehtat.

Jetzt war er gefangen wie die kleine Katze vor nicht ganz einer Stunde. Noch einen Augenblick lang pendelte sein Käfig zwischen den Führungsseilen hin und her, dann nichts mehr. Nichts. Kein Ton, keine Bewegung, nichts. Der Junge saß fest. Thomas schrie erneut, diesmal kläglich, verzweifelt, voller Angst. Er rief und schrie und klagte und er weinte laut, so lange bis er keine Kraft mehr verspürte, bis er sich selbst nicht mehr spürte, bis seine Arme und Beine ganz taub waren. Der Gefangene atmete noch einmal kraftlos aus, dann sackte er in sich zusammen. Ihm war, als wäre er eben aus seinem Körper ausgezogen. So fühlte es sich also an, wenn wirklich alles zu Ende war...

Thomas wünschte sich auf einmal sogar seine reglose, stumme, oft vorwurfsvolle Mutter herbei. Alles war besser, als hier eingesperrt zu sitzen, in einem Kasten aus uraltem stabilem Holz, einem Kasten, der schon Generationen von Küchenpersonal hinter sich gebracht hatte, in einem uralten

Haus, das sogar in der eigenen Straße sicher keiner mehr kannte. Kein Mensch weit und breit würde hier sein Rufen hören. Niemand. Und bis heute Abend würde Mutter ihn auch nicht vermissen. Sie wusste ja, dass er so gerne allein sein wollte, dachte, er sitze wieder in dem Baum am Spielplatz und gucke Löcher in die Luft, wie sie es nannte.

Nein, hier kam er nie wieder heraus.

Still weinte Thomas in sich hinein.

Neuntes Kapitel

Wieviel Zeit mochte inzwischen vergangen sein? Thomas wusste es nicht. Die Tränen waren versiegt, er fror und hatte Durst. Irgendetwas musste doch geschehen. Er richtete sich auf, so gut dies in dem niedrigen Kasten eben möglich war. Dabei stieß sein Fuß an einen harten Gegenstand. Der Holzlöffel! Den hatte er ja ganz vergessen! Dieser unscheinbare Löffel war auf seine Reise in die Tiefe mitgekommen.

Neue Hoffnung keimte in ihm auf: Vielleicht waren die Bretter doch gar nicht so dicht gefügt, vielleicht konnte er, wenn schon nicht am Kasten vorbei, so doch nach oben entkommen. Er musste nur eine Stelle finden, wo er den stabilen Löffel als Hebel ansetzen konnte. Dann würde sich, wenn alles gut ging, ein Brett aus der Verankerung lösen, und er würde versuchen, durch die entstandene Lücke hinaus klettern. War er erst einmal aus dem Kasten heraus, würde sich schon ein Weg finden, wie er durch den Schacht wieder zurück in die Küche gelangen konnte. Systematisch stocherte er mit dem Löffel in der Faust zwischen den Fugen der Bretterwände herum. Oben an der Decke waren sie zusätzlich mit einem groben Tuch bedeckt, wahrscheinlich, damit keine ungebetenen Gäste beim Transport ins Essen fallen konnten. Hinter dem Tuch aber waren tatsächlich größere Abstände in der hölzern zusammen gezimmerten Decke. Da würde der Löffelstil wohl durchpassen. Nun musste Thomas nur noch ein Loch in das Tuch reißen. Seine Gürtelschnalle fiel ihm ein. Schon oft hatte er sich eine Schramme an der scharfen Kante geholt. Jetzt würde sie ihm nützlich sein. Er zog den Gürtel aus seiner Hose und säbelte mit der scharfkantigen Schnalle an dem Stoff herum. Da – das erhoffte erlösende Geräusch: der Stoff riss. Nun also konnte er die Finger beider Hände hineinzwängen und das grobe Gewebe auseinander reißen.

Es klappte. Ein großer Riss klaffte über ihm, Mörtel, Staub und Dreck rieselten ihm auf den Kopf und in den Kragen. Aber das machte ihm jetzt nichts aus. Darum konnte er sich später kümmern, wenn er nur erst hier raus war! Jetzt kam es darauf an, dass sein Plan aufging. Er schob den Holzlöffel zwischen zwei Brettern hindurch, drehte ihn und drückte dann von unten mit aller Kraft dagegen, wie bei einem Hobel. Zuerst rührte sich nichts. Aber er gab nicht auf.

Auf einmal kam Bewegung in das Brett, das vom Löffel-Hebel heruntergedrückt wurde. Es knackte einmal, dann lauter und brach in der Mitte. Jetzt griff Thomas mit beiden Händen nach dem angebrochenen Brett, stemmte sich mit den Füßen gegen die Kastenwand und zog mit seinem Körpergewicht; er hielt die Luft an, setzte seine ganze Kraft ein – und siehe da: Mit einem krachenden Bersten brach das Brett und Thomas fiel unsanft mit seinem Rücken auf den harten Kastenboden. Ein heftiger Schmerz durchzuckte ihn, doch die Erleichterung gewann. Er konnte das Brett nun aus der Verankerung lösen. Eine Lücke war entstanden; sie war groß genug, um den Kasten nach oben verlassen zu können. Er schob beide Arme durch die Öffnung, stützte die Ellenbogen auf, spannte alle Muskeln an und stemmte seinen ganzen Körper durch die Lücke. Ein Holzsplitter fuhr in seinen Arm, doch die Kraft reichte aus. Es gelang ihm, sich durch die Bretter-Lücke aus dem Kasten heraus zu

hebeln. Geschafft! Thomas setzte sich auf den Kasten und befühlte seine zerschrammten Arme und Beine.

Zehntes Kapitel

Der Schacht roch muffig, feucht. Die groben Mauersteine fühlten sich kalt an. Alles war dunkel hier. Aus der Küchenluke fiel ein wenig Licht herein, er konnte es erahnen, aber bis hier unten reichte es nicht. Thomas fiel der Zettel wieder ein. Er befühlte seine Hosentasche. Dass die Nachricht noch da war, verriet ihm ein leises Knistern. Gut. Unsicher stand er auf dem nun wieder schwankenden Kasten, suchte mit den Füßen besseren Halt. Er musste vermeiden, in die Lücke zu treten. Ja, so ging es besser. Thomas überlegte: Ob er sich an den Seilen hoch ziehen sollte? Eines davon umklammerte er, hängte sich daran; die Hände zitterten vor Anstrengung. Für einen Moment konnte er sich halten, doch dann rutschte er ab. Nun brannten seine aufgeriebenen Handflächen, schmerzten seine Finger. Na ja, so wusste er wenigstens, der Kasten würde sich nicht mehr rühren, wie viel Zug man auch auf das Seil gäbe. Der saß fest, ganz und gar fest. Am Seil hochziehen – das war ebenfalls ausgeschlossen. Doch vielleicht war das Mauerwerk ja sehr uneben. Vielleicht standen einige Steine weit genug vor, um ihm beim Klettern Halt zu geben. Vielleicht konnte das seine Chance sein. Thomas musste es versuchen.

So weit seine Arme von hier aus reichten, suchte er mit den Fingern die Wände ab, tastete sich von Stein zu Stein, rundherum. Nichts. Erschöpft und entmutigt lehnte er sich mit der Schulter gegen die Schachtwand – und erschrak! Die Wand gab nach. Die Mauersteine rutschten langsam knirschend weg. Immer weiter wich die Wand unter dem Druck seiner Schulter zurück und plötzlich purzelten mindestens neun oder zehn Steine polternd durcheinander. Thomas fiel mitten in die staubigen Steinbrocken hinein. Ein Durchlass war aufgegangen. Die restliche Mauer blieb heil.

Als der Junge sich aus dem Schutthaufen aufgerappelt hatte, bückte er sich und kroch auf allen Vieren in das entstandene dunkle Loch hinein. Blind tastete er sich neugierig vorwärts. Hinter dem Schuttberg schien ein kleines Gewölbe zu sein; dahinter – Thomas traute seinen Augen nicht – dahinter fiel ein schwacher Lichtschein auf eine Stiege aus Holz. Sie hatte ein einfaches hölzernes Geländer, zusammen gezimmert wie der Aufzug, voller Spinnweben und altem Schmutz. Vier Stufen führten geradeaus, dann bog sie nach links ab, schmal und verwegen.

Elftes Kapitel

„Steige auf der Hintertreppe bis zum Dachboden..." – Das war sie, das war die Hintertreppe! Thomas war mit seinem Sturz auf den Kellerzugang zur Hintertreppe gestoßen. So ein Zufall! Er saß auf der untersten Stufe der Holzstiege und blickte auf den Zettel mit der Nachricht, den er nun wieder in der Hand hielt. Ein wenig wurde der von oben beleuchtet, gerade genug, um ihn noch entziffern zu können. Ringsum verschwanden das Kellergewölbe und der Steinschutt in staubiger Dunkelheit. Thomas befühlte seine Schrammen. Der Rücken schmerzte, die Handflächen brannten. Doch auch wenn ihm der Schreck noch in den Gliedern saß, die Neugier war schon wieder stärker.

Ein Weg stand ihm nun offen: über die Hintertreppe. Und es wartete das nächste Rätsel auf ihn. Ein Glückskästchen sollte auf dem Dachboden stehen. Irgendwo. Thomas schüttelte Staub und Mörtel von dem gewagten Befreiungsversuch aus seinem Hemd und auch aus den Schuhen. Dann raffte er sich auf und begann mit dem Aufstieg über die entdeckte Treppe. Dabei zählte er die Stufen: Eins, zwei, drei... Bei der zehnten Stufe wurde es schon heller. Elf, zwölf... Puh, schon 30 Stufen und die Stiege nahm kein Ende. 35, 36..

Hier war eine Fensterluke. Thomas kratzte den Dreck ab und spähte hinaus. Er blickte auf eine Wiese, die ringsum von Bäumen umgeben war, von großen Buchen, wie sie auch in der Allee gestanden hatten. In der Mitte der Wiese lag ein Teich, groß genug, um darin Boot zu fahren. Denn am Ufer war ein kleines Ruderboot an einem winzigen Steg befestigt und schaukelte auf den kleinen Wellen. Ruder waren keine zu sehen. Die lagerten wahrscheinlich in irgendeinem Schuppen.

Thomas erklomm weiter Stufe um Stufe der Hintertreppe. Nach weiteren zehn Stufen kam wieder ein Fenster mit Ausblick auf den Teich. Noch zwei Stufen nach links, da sah Thomas die Tür zum Dachboden. Er schob sie auf, sie hing wie gelangweilt in den Türangeln, und betrat den mit Baumholz ausgelegten Boden. Er war hoch genug, dass Thomas darin stehen konnte, auch ein wenig aufrecht umhergehen. Weiter am Rand würde er sich den Kopf an den dicken Dachbalken stoßen, auf denen das rot geziegelte Dach mit den alten Dachlatten ruhte. Unterbrochen wurde die Ziegelfläche durch zahlreiche Fensterluken und durch die beiden Schornsteine, die an den Enden des großen Hauses aus dem Dach herausragten. Zwischen ihnen waren Leinen gespannt, bestimmt Wäscheleinen. Über zu wenig Licht konnte er sich hier oben nicht beklagen. An den Giebelseiten waren ja auch noch je drei Fenster, kleine außen, ein größeres in der Mitte.

Fenstersimse gab es hier keine, denn die Fenster fingen gleich über dem Fußboden an.

In den Dachschrägen stapelte sich alter Kram: Kisten unterschiedlicher Größe aus Holz oder Pappe, geflochtene Körbe mit und ohne Deckel. Nicht weit von der Dachbodentür, in der Thomas noch stand, sah er eine große, geflochtene Weidentruhe mit breiten Henkeln und einem Klappdeckel. Sie war nicht ganz so groß wie die Holztruhe unten in der Eingangshalle, aber bis zur Hüfte reichte sie Thomas auch. Daneben stand eine Stehlampe. Sie hatte einen blassgrünen Lampenschirm und an ihrem Fuß aus dunklem Messing lehnte eine hübsche Porzellanpuppe. Weiter hinten im Raum sah er ein altes Regal mit kleinen Kisten und Krimskrams. Das war sein Ziel, er merkte es gleich. Dort wollte er nach dem Kästchen suchen. Das ging ihm nicht aus dem Kopf. Ganz in Gedanken auf dem Weg zu dem breiten dunklen Holzregal schrak er zusammen: Irgendetwas baumelte von den Dachlatten herab.

Zwölftes Kapitel

Zuerst hielt Thomas die schwarzen hängenden Teile für Lappen, die zwischen die Dachplatten geklemmt waren, warum auch immer. Diesmal waren es jedenfalls keine Spinnweben, an denen sich der Staub vieler Jahre festgesetzt hatte. Das hier sah anders aus. Thomas trat zögernd näher und erschrak: Fledermäuse hingen da, bestimmt fünfzig oder hundert, er konnte sie nicht zählen. Sie hingen verkehrt herum, also mit den Köpfen nach unten. Die schliefen wohl. Waren ja Nachtschwärmer. Dass die sich gar nicht stören ließen? Thomas hustete einmal laut, aber keine bewegte sich. Schade. Jetzt nachdem der Schrecken vorbei war, hätte er gerne mal eine echte Fledermaus beim Fliegen beobachtet, so richtig mit ausgebreiteten Flügeln. Na dann eben nicht!

Thomas strebte weiter dem Regal zu, in dem er das Kästchen vermutete. Warm klangen die Schritte auf den Bodendielen. Am Ziel angekommen, begann er sofort zu kramen. Einiges war ordentlich gestapelt, Manches lag wild durcheinander und hintereinander. Einige Kisten waren beschriftet, aber auch offene Schubladen stapelten sich in den Abteilungen.

Wonach genau suchte er eigentlich? Thomas überlegte. Er bemühte sich angestrengt um ein inneres Bild von diesem Kästchen. War es eine bestimmte Beschriftung oder eher eine Verzierung, nach der er Ausschau halten musste? War das Kästchen sehr klein oder eher breit und flach? In was für einem Behältnis wurde denn bloß Glück aufgehoben, oder etwas, das glücklich machte oder so was?

Gerade schob Thomas eine schwere Schublade beiseite, als er eine bekannte Schachtel entdeckte. Sie war ungefähr 25 cm lang, 10 cm hoch und mit gelben Blümchen auf dunkelgrünem Untergrund bedruckt. Er kannte die Schachtel von den Ausflügen, die Opa mit ihm manchmal gemacht hatte. Abends beim Lagerfeuer hatte der sie hervorgeholt und auf seine Knie gelegt.

Dann hatte er vorsichtig den Deckel gehoben und einen Gegenstand heraus gezogen, der in einen grauen Lappen eingewickelt gewesen war. Den hatte er vorsichtig ausgewickelt und da war eine Mundharmonika zum

Vorschein gekommen. Ein wunderschön verziertes Musikinstrument war das gewesen, immer blank poliert, mit fein eingeritzten Zeichnungen. Aber das Allerschönste daran war der Moment, als Opa die kostbare Mundharmonika an seine Lippen geführt und ihr Töne entlockt hatte – lustige, traurige, zarte, kräftige Töne, solche zum Träumen und solche zum Lachen, jubelnde und klagende Töne. Die Erinnerung daran zauberte ein Lächeln auf Thomas' Lippen.

Dreizehntes Kapitel

Nun wollte er es aber endlich wissen. Seine Finger griffen nach dem Kästchen hinter der Schublade.

Er zog es hervor und hielt es eine Weile andächtig in beiden Händen. Dann setzte er sich auf den Fußboden, lehnte sich an das Regal und öffnete langsam den Deckel. Sein Herz schlug hart und schnell. Er war ganz aufgeregt. Was würde er darin finden?

Entschlossen hob Thomas den Deckel ab. Da erblickte er tatsächlich das graue Tuch. Er hatte es nicht zu hoffen gewagt, aber es war genau dasselbe Tuch aus seiner Erinnerung, mit denselben Flecken darauf. Ein Gegenstand war darin eingewickelt. Thomas hob ihn aus der Schachtel und entfernte vorsichtig das Tuch. Sie war es – nun hielt er sie wirklich in den Händen. Sein Traum seit langer Zeit ging heute hier in Erfüllung: In Thomas' kleinen Händen lag die wunderbare Mundharmonika von seinem geliebten Opa Albert.

Jetzt hielt der Junge die Spannung nicht länger aus. Er setzte das Instrument an seine Lippen und blies vorsichtig hinein. Der sanft bebende, singende Ton wurde durch den ganzen Raum getragen. Bilder tauchten auf hinter seinen geschlossenen Augen. Er sah Opa da krank in seinem Bett liegen und er sah Tränen auf seinem Gesicht. Auch ihm war die Trennung schwer geworden, das merkte Thomas hier. Auch Opa weinte leise um diese Stunden mit ihm, um diese Ausflüge, um die Abende, an denen sie Forellen in einem kleinen Feuer gebraten hatten. Warum nur war ihm das nicht mehr eingefallen, weshalb hatte er die Tränen vergessen, Opas Abschiedstränen? Thomas setzte das Instrument erneut an die Lippen. Diesmal war der Ton kräftiger. Er ließ die Mundharmonika zwischen den Lippen hin und her gleiten, so wie er es immer beobachtet hatte. Wie klang es, wenn er dabei einatmete, mal kurz, mal lang – oder lang aus-, kurz einatmen? Was zunächst schüchtern geklungen hatte, danach schwer, das wurde jetzt zu einer aufregenden Melodie, die ihn davon trug, die ihn froh machte.

Ja – richtig froh wurde er dabei und dann gluckste es tief in seinem Bauch, gluckste in seiner Kehle, und dann – ja, dann setzte er das Musikinstrument ab und grinste breit. Glück – das war Glück. „Jetzt bin ich glücklich!“ So war das also gemeint gewesen mit dem Glückskästchen. „Wenn Du es siehst, wirst Du es erkennen.“ Genau so war es eben gewesen dort bei dem vollgestapelten Regal – genau wie auf dem Zettel beschrieben. Thomas hatte das Kästchen erkannt und in diesem Kästchen sein Glücksgefühl wieder gefunden. Ein großes Staunen breitete sich in ihm aus. Er staunte über die verworrenen Wege, er staunte über Opas Idee, ihm hier oben das wertvolle Kästchen sozusagen feierlich zu überreichen, gerade jetzt, als Thomas schon gedacht hatte, nun ganz allein zu sein, als die große Einsamkeit alles hatte fressen wollen.

Thomas fiel der erste Brief wieder ein: „...Dort wirst Du viel über Dich und über mich erfahren.“ Auch das stimmte genau.

Allein der Mut, in dieses unbekannte Haus zu gehen, den hätte er sich nie zugetraut. Und hätte er jemals gedacht, dass er sich aus einem völlig vernagelten Aufzug tief im Schacht würde befreien können – aus eigener Kraft? Wer wäre auch darauf gekommen, wie gut Opa ihn kannte und wie sehr er sich um Thomas gesorgt hatte? All das war schon beinahe unglaublich. Ein Gedanke bahnte sich langsam einen Weg, ein ganz und gar neuer Gedanke. „Tom, du bist schwer in Ordnung.“, murmelte Thomas vor sich hin. Und noch einmal, etwas lauter: „Du bist schwer in Ordnung.“

Vierzehntes Kapitel

„Miau“ Noch glücklich und in Gedanken vertieft blickte Thomas zu der Stelle, aus der das Geräusch kam. Da saß auf der Weidentruhe nahe der Bodentür wieder die kleine braune Katze mit dem weißen Fleck am Ohr. Wie war die wohl hier her gekommen? „Miau“ Sie maunzte wieder. Es klang, als wolle sie ihn rufen. „Miau“

Thomas versuchte aufzustehen. Sein rechtes Bein war eingeschlafen und kribbelte bei den ersten Bewegungen. Vorsichtig und langsam wagte er die ersten Schritte. Nach und nach kam wieder Leben in den Fuß. Er lief langsam hinüber zu der geflochtenen Truhe, vorbei an den Fledermäusen – die hingen da noch immer ganz reglos – vorbei an den zahlreichen Dachluken.

Das Kätzchen ließ sich geduldig streicheln. Als er es im Nacken kraulte, hörte er ein zufriedenes Schnurren. Nach einer Weile sprang die Katze herunter, setzte sich auf den Boden und blickte zu Thomas hinauf. Der verstand es als Aufforderung. Er griff nach dem Deckel und öffnete die Truhe. Seine Finger befühlten die Gegenstände darin: Durcheinander und übereinander lagen da alle möglichen Rasseln, kleine Trommeln, Glöckchen, Flöten in verschiedenen Größen. Sein besonderes Interesse galt einer Rassel, die aus lauter bunten Bällen bestand, jedes steckte auf einem biegsamen Stab. Alle diese Stäbe waren unten zu einem Griff zusammen gebunden. Er hielt den Griff und schüttelte vorsichtig. Das klang ja schön! So eine Rassel hatten sie nicht mal in der großen Sammlung seiner Schule – die Instrumente dort im Musikzimmer kannte er alle. Wenn er an dem Griff drehte, gab es ein zartes kleines Rauschen, bei kräftigerem Schütteln erklang helles Gerassel – aber nie zu laut. Das mochte er.

„Miau“ Die Kleine rief wieder. Diesmal saß sie an der Bodentür und blickte ihn erwartungsvoll an. „Miau“

Thomas merkte nun wieder, wie der Durst ihn quälte. Er musste zu dem Teich finden. Dort konnte er Wasser schöpfen. Die Sonne stand inzwischen hoch am Himmel. Hier auf dem Dachboden war es warm. Zu warm. „Miau“ Noch immer saß die Katze im Türsturz und wartete auf ihn. Wie sie herein gekommen war, so konnte er vielleicht auch wieder hinaus finden. Thomas entschloss sich, der Katze zu folgen. Falls sie einen Ausgang kannte, der für ihn groß genug war, konnte sie ihm den zeigen.

Als habe sie genau diese Absicht, setzte die Katze ihre Pfoten beinahe bedächtig auf die abwärts führenden Stufen der schmalen Stiege, sah sich immer wieder nach ihm um. Er folgte ihr bis zurück in das kalte, niedrige Kellergewölbe. Finster war es. Aber diesmal hatte Thomas ja den Ton des Tieres, um sich zu orientieren. „Miau“. Er folgte dem

Maunzen und streckte dabei vorsichtig tastend die Hände aus. Dabei stieß er auf eine kalte Türklinke, drückte sie herunter. Sie knirschte und die Tür ließ sich öffnen.

Einige Steinstufen führten hinunter, seine Füße fanden tastend vorwärts. Dann kam steiniger Boden, wie auf Kopfsteinpflaster standen seine Schuhe. Schritt für Schritt setzte er die Füße, immer dem Miau der Katze hinterher, die Hände schützend ausgestreckt. Wieder eine Tür. Diesmal öffnete sie sich nach innen. Thomas zog sie auf und Licht fiel in den Kellerraum, den er soeben durchschritten hatte. Durch die geöffnete Tür sah er eine weitere Steintreppe, diesmal führte sie nach oben. Die Katze lief vorweg. Und mit einem Mal stand Thomas in diesem bekannten kurzen Gang, der die Küche mit dem Speisesaal verband. Er betrat ihn diesmal von der Seite her, von rechts war er vorhin aus dem Saal gekommen und nach links zur Küche weiter gegangen. Diese Pforte musste er vorhin glatt übersehen haben bei seiner Suche nach der Küche. Die Katze flltzte davon.

Fünfzehntes Kapitel

Der Steg war warm, von der Sonne beschienen. Das Kästchen mit der Mundharmonika lag auf einem Moospolster nahe dem Ufer, zusammen mit der Rassel, die er ebenfalls mit heraus genommen hatte. Thomas lag auf dem Bauch und schöpfte mit beiden Händen von dem frischen Teichwasser. Es rann durch seine Kehle hinab. Aahh!

Nachdem er genüsslich getrunken hatte und keinen Durst mehr verspürte, zog er die schmutzigen Schuhe aus, legte sie neben den Steg und hängte seine staubigen Füße ins Wasser. Das tat gut. Er begann, mit den Zehen herum zu spritzen, beobachtete dabei die kleinen kreisförmigen Wellen, die sich von seinen Füßen in Richtung Teichmitte bewegten, dann flacher wurden und ausliefen. Mit den noch nassen Händen berührte er seine Schürfwunden an den

Beinen, dann an den Armen und kühlte sie. Es waren viele. Zuerst brannte das Wasser ein bisschen, aber nur ganz kurz, dann kribbelte es wohlig.

Nun holte Thomas seine Mundharmonika aus der Schachtel im Moospolster, setzte sich erneut mit baumelnden Füßen auf den Steg und begann zu spielen. Während er auf die Wasseroberfläche blickte, entlockte er dem Instrument immer neue Töne, unterschiedliche Melodien entstanden. Eine kurze Weise die ihm besonders gut gefiel, spielte er wieder und wieder, veränderte sie, spielte leise, laut, dann wieder ganz zart und verträumt. Dabei nutzte er den Ausatem und den Einatem – ganz gleichmäßig. Davon wurde er ruhig, die Aufregung von vorhin verschwand zusammen mit den Tönen auf der sich kräuselnden Wasseroberfläche und versank.

Plötzlich fuhr er zusammen und das Spiel brach ab. Jemand hatte ihn an der Schulter berührt. War er gar nicht alleine in diesem versteckten Park? Langsam drehte er sich um und erblickte ein Mädchen, etwa in seinem Alter. Sie stand hinter ihm und lächelte ihn an, sagte aber nichts. Thomas überwand seine Schüchternheit und sprach sie an: „Wer bist du?“ Keine Antwort. Sie sah ihn mit großen Augen an.

„Ich bin Thomas. Hallo.“ Wieder blieb sie stumm. Aber sie bedeutete ihm mit ihren Händen, ihr zu folgen. Nicht weit vom Steg war eine kleine sandige Fläche. Sie hockte sich davor und schrieb mit dem Finger in den Sand. Thomas las: Ich bin Ella. Thomas stutzte: „Kannst Du nicht sprechen?“ Wieder beugte Ella sich vor und schrieb ein kurzes Wort. Er las ‚stumm‘. Ella war stumm. Taubstumm wahrscheinlich. Dann konnte sie ihn auch nicht hören. Fragen über Fragen tauchten nun bei Thomas auf: Wo kam Ella her, wo wohnte sie? Wie war sie hier herein gekommen und warum? Weshalb hatte er sie noch nie gesehen? Ging sie auch in die Schule? Wo waren ihre Eltern?

Sechzehntes Kapitel

Thomas mussten die Fragezeichen förmlich im Gesicht gestanden haben, denn Ella stand auf, nahm ihn bei der Hand und führte ihn zwischen den Bäumen hindurch zur Mauer des Grundstücks. Dort deutete sie nach oben. Er blickte hinauf in die Baumkrone einer ausladenden Birke. Dort sah er einen Bretterverschlag, ein Baumhaus. Herab hing eine Strickleiter, die bis zum Boden reichte. Sie war also von ihrem Baumhaus herunter gekommen, als sie ihn am Teich gesehen hatte. Demnach wohnte sie nebenan und kannte die Villa schon länger. Vielleicht hatte sie ja auch früher seinen Opa schon mal hier gesehen. Ella fasste ihn wieder bei der Hand und zog ihn zurück zum Teich. Sie deutete auf die Mundharmonika, die auf dem Steg liegen geblieben war und sah ihn fragend an. Thomas bückte sich nach dem Instrument und reichte es ihr. Sie konnte die

Musik vorhin nicht gehört haben. Aber vielleicht hatte sie sein Gesicht gesehen, hatte bemerkt, welchen Spaß er daran gehabt hatte. Ella hielt die Mundharmonika, wie sie es vorhin bei Thomas gesehen hatte, guckte ihn dabei fragend an. Thomas nahm ihre Hand, spitzte die Lippe und pustete auf ihre Finger. Ellas Gesicht hellte sich auf und sie setzte das Instrument erneut an ihre Lippen. Diesmal blies sie hinein. Sie hatte verstanden. Sie blies sehr laut, aber das merkte sie nicht. Stattdessen freute sie sich über das Kribbeln auf den Lippen. Jetzt befühlte sie mit einer Hand die Oberfläche der Mundharmonika, bevor sie erneut hinein blies. Ein zufriedener Ausdruck breitete sich dabei über ihr Gesicht. Sie konnte die Töne also spüren.

Da hatte Thomas eine Idee. Er lief zu der Rassel, die noch an ihrem alten Platz lag und berührte damit Ellas Hand, dann noch einmal. Ella verstand. Dieses Instrument passte noch besser zu ihr, dieses konnte sie spüren, konnte

Rhythmus probieren. Sie grinste und griff danach. Die Mundharmonika gab sie Thomas zurück, bedeutete ihm, er solle spielen. Der Junge nickte.

Beide Kinder setzten sich auf den Steg und probierten ihre Instrumente aus. Thomas blies wieder seine Melodie von vorhin, Ella schlug einen Rhythmus in ihre Handfläche. Dass sie laut und leise nicht unterscheiden konnte war nicht so schlimm. Die Rassel klang immer zart und leise, egal wie heftig sie in die Handfläche klatschte. Thomas bekam immer mehr Spaß an dem gemeinsamen Spiel und lachte Ella an. Diese grinste zurück und warf dann glücklich den Kopf nach hinten. Ein lautes, fast schreiendes Lachen kam aus ihrer Kehle, steckte Thomas an. Beide lachten und lachten, laut und glücklich.

Plötzlich aber sprang Ella auf die Füße und rannte auf die Villa zu. Dort war ein kleiner Schuppen angebaut. Zurück kam sie mit zwei Rudern, die sie in das Boot legte, das am Steg angeleint war. Sie stieg ein und lächelte Thomas zu. Er steckte die Mundharmonika in seinen Hosenbund und kletterte in den wankenden Kahn, kam auf eine der beiden Bänke zu sitzen. Ella band den Kahn los und ergriff die Ruder. Das alte Boot setzte sich in Bewegung.

Siebzehntes Kapitel

Das Gewässer war nicht ganz rund, weiter hinten bildete es eine Nische. Ella ruderte sie beide hinein und ließ den Kahn auslaufen. Die Stelle war rundum hoch mit Schilfrohr bewachsen. Ella lehnte sich vor und bog das raschelnde Schilf auseinander. Dahinter wuselte irgendetwas. Thomas sah genauer hin. Mindestens fünf Hundewelpen spielten da im Schutz der Wasserpflanzen am Ufer. Ihre Mutter lag auf der Seite. Mit großer Geduld ertrug sie das Springen und Klettern der Kleinen, die ihren Bauch wie ein Klettergerüst benutzten. Nur ab und zu stupste sie einen der übermütigen Welpen mit der Nase an, dann legte sie den Kopf wieder auf die Erde und blinzelte. Thomas war entzückt.

Eine Weile beobachteten beide von ihrem Boot aus das lebendige Treiben. Dann griff Ella wieder nach den Rudern und das dichte Schilfröhricht verdeckte ihnen die Sicht.

Thomas wäre gerne noch geblieben, aber Ella ruderte den Kahn energisch an eine Stelle, wo sie aussteigen konnten. Nachdem der Kahn festgebunden war, zog Ella ihn zu dem Ort mit den Hunden. Sie kniete sich neben die Hundemama. Die ließ sich von ihr streicheln. Dann ergriff Ella Thomas' Hand und blickte ihn ermutigend an. Auch von ihm ließ sich der geduldige Hund nun streicheln. Die Hundemutter reckte sich wohlig unter seinem Kraulen und auf einmal geschah das Unglaubliche: Ein Welpe begann, ihm mit seiner warmen, rauen Zunge die Hand zu lecken. Thomas ließ es zu. Dann kuschelte der Kleine seinen Kopf hinein. Der Junge hielt die Hand ganz still. Er hatte Herzklopfen. Der kleine Hund mochte ihn und die Mutter ließ es geschehen. Thomas blickte zu Ella hinüber – sie lächelte ihm aufmunternd zu. Mutiger geworden, begann er nun, mit dem Welpen zu spielen, ließ sich schubsen, kratzen, kneifen und sogar anpinkeln. Er war so zufrieden. Hier fühlte er sich richtig wohl, in diesem Park, bei Ella und „seinem" Hundebaby.

Bei dem intensiven Spiel mit dem lebhaften, anhänglichen Welpen hatten die beiden Kinder gar nicht bemerkt, wie sich der Himmel verdunkelte. Daher blickten sie überrascht auf, als die ersten schweren Tropfen fielen. Ella erhob sich als Erste. Nur zögernd folgte Thomas ihr, doch er sah ein: bliebe er hier am Teich, würde er gleich klatsch nass werden. Sie ließen das Boot wo es war, und liefen zur Villa, nachdem sie die Instrumente und die Schachtel vor dem plötzlichen Regen gerettet hatten.

In der Vorhalle blieben sie stehen und verschnauften. Ella stieß beide Flügel der großen Eingangshalle weit auf. Die frische Luft strömte ins Haus. Tief atmete sie ein. Thomas holte inzwischen nach, was er in der Aufregung um das klagende Kätzchen heute Morgen aufgeschoben hatte. Er öffnete den schweren Deckel der großen Holztruhe und blickte hinein. Er war enttäuscht. Die Truhe war leer. Gerade wollte er den Deckel wieder schließen, da sah er doch noch etwas: Auf dem Boden in ihrem Inneren lag ein Zettel. Thomas bedeutete seiner stummen neuen Freundin, den Deckel fest zu halten, kletterte hinein und hob das Zettelchen auf. Dann kletterte er wieder heraus und gemeinsam ließen sie den Deckel herunter.

Die eisernen Beschläge schlugen aufeinander, als die Truhe sich schloss. Sie traten an die geöffnete Tür, beugten sich gemeinsam über die Schrift. Da stand:

„Mein lieber Thomas! Du bist ein feiner Kerl. Und Du bist nicht allein. Sieh Dich hier um. Komm wieder her. Dein Opa Albert.“ Thomas ließ die Hand mit dem Zettel lächelnd sinken. Ella aber wandte sich zu ihm um, blickte ihm froh entgegen – und dann hob sie beide Hände und nahm Thomas einfach in die Arme. Sie drückte ihre Wange an seine, über die gerade eine kleine glückliche Träne rann.

Achtzehntes Kapitel

Als Thomas die Allee entlang zur Straße lief, wandte er sich noch einmal um und winkte Ella zu. Sie hatte beim Abschied auf den Zettel gedeutet, und zwar genau auf den Satz: „Komm wieder her.“, hatte ihn dabei fragend, ja bittend angesehen. Und Thomas hatte genickt, so sehr, dass ihm der restliche Putz von vorhin vom Kopf gerieselt war. Nun musste er aber wirklich nach Hause gehen. Er wollte Mutter alles erzählen. Nach diesem starken Regen glaubte sie ihm die Geschichte mit dem Baum am Spielplatz sowieso nicht mehr.

Im dritten Stock ihres Wohnhauses angekommen, steckte er den Schlüssel ins Schloss und drehte um. Das Schloss klickte, die Tür sprang auf. Der vertraute Wohnungsgeruch brachte die alte Unruhe zurück. Ihm wurde kalt. Er fröstelte. Thomas trat ein und schloss die Wohnungstür hinter sich.

Bedrückt ging er in sein Zimmer. Er legte die Instrumente auf den Schreibtisch zu den vielen anderen Sachen und setzte sich auf sein Bett. Dabei tastete er nach der tiefen Schramme am rechten Arm. Seine Fingerspitzen fühlten den frischen Schorf. Die Erinnerung kam zurück und mit ihr das Gefühl, etwas erreicht zu haben. Nein, er war nicht mehr derselbe. Und er war endlich nicht mehr allein. Das machte ihm Mut.

Kurz entschlossen stand er wieder auf und verließ sein Zimmer. Wenn etwas anders werden sollte, dann musste er jetzt mit Mutter reden. Jetzt oder nie. Sie saß am Küchentisch, den Kopf in die Hände gestützt. Wie immer. Thomas atmete schwer. Doch plötzlich war da eine Idee: Er griff in die Hosentasche, zog den Zettel mit Opas Gruß heraus und legte ihn auf den Tisch, direkt vor seine Mutter. Er wartete ab.

Und nun geschah etwas, das er wirklich nicht erwartet hätte: Mutter hob den Kopf, schob den Stuhl zurück und kam auf ihn zu. Als sie vor ihm stand, blickte sie ihn so liebevoll an, dass Thomas ganz warm davon wurde. Und dann nahm sie ihren Sohn einfach in die Arme.

Thomas gab seinen anfänglichen Widerstand schnell auf, lehnte sich an sie, und dann begann er zu erzählen, zuerst stockend, später immer aufgeregter. Er redete und redete. Und seine Mama hörte ihm zu. Endlich hörte sie ihm zu. Wie schön das war!

Als er an die Stelle mit Ella und den Hundewelpen kam, nahm sie ihn bei den Schultern, schob ihn von sich und sah ihn an. Dann schob sie ihn auf den Flur, griff nach ihren Schlüsseln und öffnete die Wohnungstür.

Und dann – ja dann wanderten sie gemeinsam zu dem verwunschenen, zugewachsenen Grundstück. Zielstrebig führte Thomas seine Mutter an den Teich, zu „seinem" Welpen. Er hatte den Platz kaum erreicht, als das Kleine auf ihn zusprang und an seinem Bein kratzte. Thomas bückte sich und nahm es auf den Arm. Stolz hielt er es seiner Mutter hin. Die hob zögernd ihre Hand, und strich dem kleinen Hund über das weiche Fell. Und da wusste Thomas ganz tief in seinem Herzen: Ab jetzt würde alles anders werden. Nun war er wirklich nicht mehr einsam. Da war Ella, da war der kleine anhängliche Hund und: er hatte seine Mama wieder.

Neunzehntes Kapitel

An die Fenster des Klassenzimmers der dritten Klasse prasselte der Regen. Ein gelb rotes Ahornblatt klebte an einer der Scheiben, vom Wind herüber geweht.

Thomas wandte seinen Blick wieder ins Innere des Raumes. Schräg hinter ihm saß Addi. Der zwinkerte ihm zu. Sie beide waren jetzt dicke Freunde. Alles war anders geworden seit seinem

Erlebnis vor den Sommerferien. Ganz genau hatte Thomas alles wieder vor Augen.

Das Unglaubliche aber war in der letzten Ferienwoche passiert, als Addi Thomas am Nachmittag getroffen hatte. Er war mit Bob spazieren gegangen. Addi war ganz begeistert gewesen von dem jungen Hund, hatte diesmal keinen blöden Spruch von sich gegeben sondern gefragt, ob er ihn streicheln dürfe. Und dann hatte Thomas ihm sogar die Leine in die Hand gegeben. Zu Bob hatte er nur gesagt: „Das ist ein Freund." Und dabei war es geblieben. Jetzt trafen sie sich fast jeden Nachmittag, spielten mit Bob oder erledigten die Aufgaben für die Schule zusammen.

Bob war nach einem seiner vielen Besuche im Park bei der Villa einfach hinter Thomas hergelaufen. Die Hundemama hatte ihn gehen lassen. Thomas hatte ihn sogar behalten dürfen. Mama hatte alles besorgt, was ein Hund so braucht:

Fressnapf, Leine und Hundekorb. Nun wohnte Bob im Kinderzimmer.

Ella hatte Thomas an jedem Wochenende unter ihrem Baumhaus getroffen. Ein mitgebrachter Zettelblock half bei der Verständigung. Seit er mit Addi befreundet war, kam der mit. Bei Regen hatten sie zu dritt in der Bretterbude im Baum gesessen, manchmal auch zusammen Musik gemacht. Sie waren alle gemeinsam auch noch mal über die verschlungenen Wege durch den Keller über die Hintertreppe zum Dachboden hinauf gestiegen. Diesmal hatten Thomas und Addi ihre Taschenlampen dabei gehabt, hatten das Kellergewölbe noch mal untersucht und die aus der Schachtwand gefallenen Steine ordentlich neben dem Loch aufgestapelt. Addi hatte nicht schlecht gestaunt, als Thomas ihm seine Flucht aus dem Speisenaufzug beschrieben hatte. Oben dann hatten sie ihren gemeinsamen Lieblingsplatz gefunden zwischen all dem interessanten Gerümpel. Die Weidentruhe war geplündert worden und alle Instrumente hatten sie ausprobiert. Ella hatte die Klänge und Rhythmen gefühlt und genauso viel Spaß dran gehabt wie die beiden Jungs.

Auch Thomas' Mutter kam jetzt manchmal mit zur Villa. Letzte Woche hatten sie gemeinsam den Kamin gereinigt und dann hatte Mutter darin Feuer gemacht. Draußen war es inzwischen ungemütlicher als im Sommer. Doch im Feuerschein war es dann sehr gemütlich geworden, das Kaminzimmer war heimelig erleuchtet gewesen, es war der Raum, in dem Thomas ihr den ersten Brief und den Lageplan zu lesen gegeben hatte. Dann hatten sie alle geredet, Ella hatte geschrieben, Mama hatte von Opa erzählt. Manchmal hatten sie lachen müssen, einmal waren auch wieder Tränen geflossen, aber Mama hatte sich diesmal nicht unterbrechen lassen, sie hatte einfach weiter erzählt.

Thomas sah jetzt wieder nachdenklich aus dem Fenster des Klassenzimmers in den Regen hinaus. Er spürte: So wie es jetzt war, so würde es lange bleiben. Während er den herabrinnenden Tropfen zusah, lächelte er versonnen.

Printed by Books on Demand GmbH, Norderstedt / Germany